INNOVADORA Y MODERNA

Retrato de Santa Teresa de Jesús

ASUNCIÓN AGUIRREZÁBAL DE ANTOÑANZAS

INNOVADORA Y MODERNA

Retrato de Santa Teresa de Jesús

Edición preparada por

Pablo Cervera Barranco

FONTE
GRUPO EDITORIAL

EDITORIAL
MONTE CARMELO

© Asunción Aguirrezábal de Antoñanzas
© Grupo Editorial Fonte
P. del Empecinado, 1; Apdo. 19 - 09080 Burgos
Tfno.: 947 25 60 61

www.montecarmelo.com
www.grupoeditorialfonte.com
editorial@grupoeditorialfonte.com

ISBN: 978-84-10023-52-9
Depósito Legal: BU-296-2024

Impresión y Encuadernación
Grupo Editorial Fonte - Burgos
Impreso en España. Printed in Spain

ÍNDICE

Presentación

El libro que tienes en tus manos, querido lector, es un «pequeño gran» libro. Su autora, esposa (ahora viuda) y madre de 10 hijos, es conocida no sólo en los ámbitos teresianos. Asun Aguirrezábal empezó sus incursiones teresianas, como ella misma nos cuenta, en su tierra natal, en Vizcaya. Acumulaba conocimientos y amor hacia la Santa, y sus amigas le pidieron que se lo transmitiera.

Yo la conocí indirectamente cuando dos de sus hijas («las gemelas», aunque son mellizas) eran amigas de mis hermanas pequeñas. Además conocí de cerca el ingreso de su hija, «la monja», en la Compañía de María de Talavera de la Reina. Para quien no lo sepa ella casó con José Luis Antoñanzas, viudo, y ella adoptó esa larga prole... El dato merece ser tenido en cuenta. Con el tiempo la conocí como conferenciante y su marido, profesional del mundo de la energía, era colega de mi tío y padrino Joaquín Cervera: él en Iberdrola y mi tío en Iberduero. Como siempre me decía simpáticamente José Luis: «Eres el único sacerdote al que llamo de tú». La cercanía con esta familia la celebré hace dos años en su casa con la Santa Misa y la

Unción de enfermos de los dos; asistieron varios de los hijos. El trato con la familia se ha ido intensificando con el tiempo y tuve incluso la oportunidad de concelebrar en su casa, rodeados de hijos y nietos, la Misa de sus bodas de oro.

Este querido matrimonio tiene un mérito cultural del que, no por conocido y público, quiero dejar constancia. Nunca dejaremos de agradecerlo suficientemente: fueron mecenas de la publicación, en la Editorial Monte Carmelo, de las obras de la Santa abulense en edición facsímil de los originales conservados en El Monasterio de El Escorial, en Sevilla... La mano maestra de uno de los mejores teresianistas del mundo, el P. Tomás Álvarez OCD, se ocupó de ello e incluso se las presentaron a san Juan Pablo II. El P. Tomás, con su sabiduría, también acompañó durante décadas el itinerario teresiano de nuestra autora.

Hace unos meses el Señor vino por José Luis. Asun quedó destrozada: «el amor de su vida, el hombre que la había hecho tan feliz». La hemos acompañado sus amigos y a uno de ellos se le ocurrió comentar que, a pesar de sus dolencias y enfermedades, escribiera en verano un librito sobre santa Teresa. Apenas me enteré de que ya estaba casi completo se lo pedí para leer y «ejercitar una crítica implacable»... No hizo falta. Lo leí al llegar a casa por la noche. Lectura culta y deliciosa, accesible para cualquiera. Sugerí que lo complementara con más datos sobre algunas las fundaciones y, especialmente, sobre la obra escrita de la Santa. Aquí lo tienes. Es un libro escrito en la caída de la vida (terrena) y en preparación al ascenso al cielo. Afloran, sapiencialmente, los centenares de horas dedicados a esta gran aventurera, «innovadora y moderna». Con mucho gusto y admiración he preparado la edición de este delicioso escrito que nos regala Asun, en «la caída de la tarde»: en él nos retrata su amor por la reformadora del Carmelo. Gracias, Asun.

Pablo Cervera Barranco
Madrid, 26 de agosto de 2024
Transverberación de Santa Teresa

Prólogo

En mi tierra natal Las Arenas (Vizcaya), un grupo de señoras de procedencia variada, entre amigas y mujeres de ejecutivos que vinieron a trabajar a nuestra provincia, nos reuníamos una vez por semana, para aprender, disfrutando, y divertirnos oyendo disertar a diversos expertos sobre: arte, paleontología, historia, música, viajes, literatura...

Un padre jesuita literato nos daba a leer un libro seleccionado por él y lo comentábamos, en una fecha concreta, en su presencia.

Una de las asistentes propuso que las componentes del grupo de oyentes aportásemos algún conocimiento propio. Cada una tendríamos que preparar un tema y desarrollarlo en un día elegido previamente. Las que teníamos «poco interesante que contar», las «sencillas madres de familia», nos rebelamos ante aquella nueva e inquietante propuesta, pero de nada sirvió.

Se celebraba por aquel entonces, el IV Centenario de la muerte de santa Teresa. Yo participaba en el Comité Provincial de Actos de ese Centenario.

¡Tú, Asun —me pidieron, antes de cerrar aquella reunión—, háblanos de santa Teresa!

Yo conocía a la santa cuando, en mis otoños en Medina del Campo, la amiga con la que me hospedaba me llevó a conocer la casa donde la madre Teresa fundó aquel histórico convento que entonces amenazaba ruina. Allí y con sus monjas «me encontré» con santa Teresa: me interesó, empecé a conocerla y sospecho que, en cierta forma, me «fichó» como propagandista suya sin yo sospecharlo siquiera.

Volví a casa y me angustié pensando qué hablar a gente de fin de siglo XX de una monja castellana que vivió en el siglo XVI. ¿Podía ofrecer su vida algún interés? ¿Qué vivencias me habían acercado a ella? ¿Cómo llegar a interesarles con su mensaje? Y lo más difícil: ¿Cómo contarlo?

Acudí a ella y ella me acercó a sus libros y a sus extraordinarios propagadores: los padres Tomás Álvarez, Juan Bosco, José María Javierre, Okumura y otros tantos, todos grandes amigos de la Santa y amigos míos.

Al otro lado del mundo, el P. Ichiro Okumura, carmelita japonés, convertido a los 25 años al cristianismo. Apasionado del Zen en su juventud, escribe esta anécdota que no me puedo resistir a contarla: como la mayoría de las familias japonesas budistas practicantes tenía en su casa dos altares, el Kamidana dedicado a Kami la divinidad, y el Butsudan, dedicado a los antepasados. Antes de salir para ir al colegio, se detenía ante ellos para orar. Un día, su padre le preguntó: «¿Qué dices cuando estás ante el altar?». Cogido de improviso, sin saber cómo acertar; contestó tímidamente: «Pues... no digo nada». Su padre se limitó a decirle: «Muy bien, hijo mío. Ponerse ante Dios, aunque sea durante unos minutos, cada día, con el corazón limpio... es suficiente para agradarle».

Tenía 12 años. Nunca ha olvidado esa «clave» para iniciar su camino de oración. Su libro, *El placer de orar, encanto del alma japonesa*, fue para mí un inolvidable compañero de viaje rumbo a Japón. La lectura de sus páginas me animó a conocer al escritor. Mi amistad con el P. Tomás Álvarez fue la carta de presentación ante este místico teresianista, además del cariño y devoción que siento por la Santa.

El libro abre a los lectores su experiencia de oración moderna y espiritual con un antiguo proverbio chino: «Hunde bien la raíz en la tierra y la planta crecerá llena de vida»... y nos invita a «no decir nada» al estar ante el Señor, adorándole.

Ese día me permití usar sus conocimientos para hablar sobre la Santa. Y desde entonces me he visto muchas veces empujada a volver a hacerlo en público.

Cuando llegó el día en que tuve que disertar ante el grupo de Las Arenas, esa tarde nevaba; los barquitos de nuestra bahía cubiertos de nieve parecían terrones de azúcar. La casa donde se celebraba la reunión estaba en un alto y yo al volante de mi pequeño coche iba aterrada por aquellos caminos cubiertos de nieve, llevando como «copiloto» a la Santa, esperando su ayuda para mi conferencia sobre ella. Su vida entusiasmó a las oyentes y, a partir de entonces, «me vi obligada» a llevarla por distintos centros.

Acudí a ella y ella me acercó a un curso a Ávila donde disertaba el P. Tomás Álvarez sobre «la introducción a la lectura de la Santa». En aquel curso todos los alumnos eran, a su manera, expertos conocedores de la Santa.

El P. Tomás me impresionó por su elegancia, sus conocimientos, su mundo y su sencillez al dirigirse a nosotros. Incluso una vez que me tocó comer a su lado; no me atreví ni a mirarle. Fue un prestigioso «teresianista» reconocido como el mejor del siglo XX. Investigador profundo de su persona, su misión, escritos y época... y sobre todo, un hombre profundamente humano y empapado de la consigna que Teresa daba a sus hijas: «Que cuanto más santas más conversables».

Una tarde el señor Obispo de Ávila se acercó a saludarnos, y preguntó a cada uno por su relación con la Santa. Cuando llegó a mí le contesté con cierto apuro que no era «nada si no la mujer de una gran hombre de empresa, viudo con diez hijos pequeños a los que tomé como propios».

El P. Tomás por primera vez se fijó en mí y sonrió abiertamente. Ese punto fue el principio de una profunda amistad que a mi marido y a mi familia nos unió a él; acercándome a él de tal forma que concelebró los funerales de mis padres en la Parroquia de Las Arenas y asistió a nuestras bodas de plata en el convento de Medina del Campo.

Me asustaba el éxito de mis conferencias. El P. Tomás me tranquilizó y animó a continuar, diciéndome que «donde llegaba yo como seglar, no llegaban ellos como Carmelitas».

Santa Teresa seguirá interesando. Como Santa, doctora, escritora, pese a la gran distancia que nos separa de ella; nos parece viva, íntima, elevada, popular, amiga y consejera, actual.

Por santa Teresa sabemos que todo nuestro edificio espiritual —y yo diría que todo nuestro ser y hacer como personas— deberíamos basarlo en la humildad. ¡Qué difícil virtud!, incluso para santa Teresa, que comenzó su camino de santidad comparando su pequeñez con la grandeza de su Señor. En cierto momento recibe una carta de una de sus Fundaciones, la de Sevilla, que le costó mucho sufrimiento por su clima tan distinto al del su Castilla natal y por los problemas graves que sufre en la Fundación. Le dicen en una carta que quieren expulsar al clérigo que ella dejó en el convento y que le ayudó tanto en aquellos días sevillanos. Contesta «que le debe mucho, pues es mi natural tan agradecido que con una sardina que me dieran me sobornarían».

Santa Teresa siempre agradecida en sus dificultades nunca ceja, como en Sevilla cuando la Inquisición sigue sus pasos por las terribles calumnias que de ella se han dicho y que le obligan a redactar dos informes defendiendo sus fundaciones y sus escritos para entregar al Tribunal de la Inquisición y librarse del acoso.

En este libro intento dar a conocer que su gran amor por Cristo es el que le anima a recorrer el mundo enferma y llena de problemas que no quiere dar a conocer; sino que vive entregada el alma a su Señor y la vida humana a los caminos donde Él le ha pedido que funde y cree una reforma del Carmelo al estilo de los primeros padres.

En definitiva un ejemplo de convicción y coraje.

Asun Aguirrezábal de Antoñanzas
Madrid, agosto 2024

Capítulo I

Su vida

1. Ávila

Nos interesa saber dónde ha nacido y ha vivido sus primeros años la Santa, a quien dedicamos este libro. Ávila, en la casa llamada de la Moneda. Antigua Ceca que los Reyes Católicos cerraron, como las de todas las ciudades, para unificar la moneda.

Vamos a recorrer de forma rápida la ciudad de Ávila. Fundada en tiempos inmemoriales, ya en la Edad de Hierro y Edad Media tuvo importancia por la piedra de granito que se saca de su cantera con la que se construyó, por ejemplo, el Monasterio de El Escorial.

De esta ciudad rodeada de una gran muralla y situada a mil metros de altura, algún poeta dijo que es la ciudad amurallada del mundo más cerca del cielo.

Nosotros hemos entrado en esta ciudad en el siglo XV y podemos ir paseando hasta la Casa de la Moneda, porque la casa de la Moneda va a ser la cuna donde nazca nuestra futura Santa. Como dice José María Javierre hay pasajes maravillosos como pueden ser el campo de Castilla o unos montes austríacos o también Venecia, vista desde la altura de San Marcos o Leningrado, París en primavera y Roma, pero las murallas de Ávila siempre sobrecogen. Unamuno, hombre frío y racional, como buen bilbaíno, dice que en Ávila sentía más que nunca nuestra siempre insatisfecha hambre de eternidad.

Nosotros diremos que Ávila es la joya del joyero. Este es el ambiente que respiró santa Teresa, pero nosotros podemos ir avanzando en la historia y viendo que Ávila también ha sido una ciudad guerrera por donde han pasado distintas invasiones. Nos vamos a quedar en el siglo XVI deteniéndonos en la Casa de la Moneda.

2. La Casa de la Moneda

Casa que está dando a la Muralla centrada en la calle de La Dama, una calle muy transitada en esa época y también hoy en día. El Palacio de Don Alonso da a esa misma calle. Pero por la parte de detrás se oye la campana de la iglesia que han edificado los Padres Carmelitas, donde está la capilla en la que nació la Santa, con una placita a mano izquierda donde está el Palacio de los Núñez de Vela, Don Blasco nombrado por el Rey Virrey del Perú y su hermano Don Francisco padrino de santa Teresa y amigo de su familia.

La familia de santa Teresa, padre y tíos, procedía de Toledo. Su origen era judío. Convertidos al catolicismo se trasladaron a vivir a Ávila donde uno de los hermanos, Don Alonso, compró la Casa de la Moneda para convertirla en casa de familia. Casó por primera vez al llegar y enviudó joven, quedándole dos hijos María y Juan. De este último no se supo nada. En el segundo matrimonio, Don Alonso casó con la joven Doña Beatriz de Ahumada, oriunda de Olmedo, una joven belleza noble con la que tuvo varios hijos varones y dos mujeres.

Don Alonso y sus hermanos, ricos comerciantes de tejidos, compraron la hidalguía en algún lugar de Castilla por lo que abandonaron el negocio para vivir entre los hidalgos de Ávila.

La Casa tenía una buena biblioteca donde se encontraban los clásicos: Virgilio, Cicerón, Séneca, los Evangelios, las Vidas de los Apóstoles y otras obras de la época. Biblioteca que creó el padre para que sus hijos se formaran.

Teresa tiene un hermano casi de su edad: «Juntábamos entrambos a leer vidas de Santos, vidas de niños mártires que ganan el cielo» como las que aparecen en el libro *Flor Sanctorum,* escrito por un famoso italiano y traducido al español en Sevilla, donde lo compró Don Alonso para sus niños.

La imaginación de Teresa se llena de proezas y busca el martirio a los casi siete años de edad, arrastrando a su hermano. Salen de casa por primera vez atraídos por su idea de que los moros, que viven cerca de Ávila, con un hachazo los manden al cielo, sin saber que hace tiempo ya que Reyes Católicos expulsaron a los últimos que quedaban en Granada.

Escapando de casa, llegan lejos hasta que un tío que vuelve a caballo los recoge, los reprende con severidad y los devuelve a su hogar donde todos los esperan nerviosos por su desaparición. Allí también son reñidos y Teresa se defiende diciendo que «buscaba el martirio para ver a Dios».

Esta lectora, que ha empezado con la vida de los niños santos, seguirá leyendo con su madre, una mujer enfermiza, cansada de tanto parto y de vivir en un caserón lleno de criados con un marido hidalgo que empieza a arruinarse ante la ilusión de ser hidalgo.

Teresa y su madre, a escondidas de Don Alonso, pasan las horas leyendo libros de caballería, lo que hoy llamaríamos novelas de amor. Tanto le entretienen a la futura Santa que dirá «era tan el extremo que lo que esto me embebía que si no tenía libro nuevo no parece tenía contento».

Novelas de amor que inflamaban su corazón de hazañas de guerreros y damas, conquistas de castillos y fortalezas, etc. Cuando emprenda su aventura espiritual, estos héroes novelescos se transformarán bajo su pluma en ejemplos para su adaptación a los problemas que ve en la Iglesia. Hará de sus monjas reformadas «un ejército de lucha orante» para proteger desde la retaguardia al Señor de su castillo, a Cristo nuevamente condenado. «Estáse ardiendo el mundo», gritará a sus monjas.

En la Casa de la Moneda la niña querida se ha convertido en una espléndida joven llena de atractivo y belleza... Y ella lo sabe... «Comencé a traer galas y desear contentar, en parecer bien con mucho cuidado en manos, cabellos y olores; y todas las vanidades que en esto podía tener, que eran hartas por su ser muy curiosa».

3. Una amiga peligrosa

Las niñerías y las diversiones no fueron la causa de su dolor y el arrepentimiento que sentirá luego. El «peligro» aparece con una joven prohibida mientras vivió la madre. Esta joven de costumbres livianas logró envenenar el ambiente. Teresa empleaba trucos y estratagemas para tratar con ella y burlaba así la vigilancia de su padre, involucrando, con su forma muy diestra para ello, a amigos y criados.

En el *Libro de su Vida*, recordará con pena cómo su «sagacidad para cosas malas era mucha» y el daño que una mala amistad puede causar aún en una voluntad como la suya, inclinada siempre a la verdad y a la rectitud.

4. El colegio de las Madres Agustinas

Ingresada por su padre en un colegio de monjas agustinas, donde se educan jóvenes de familias distinguidas, y arrancada contra su voluntad de un mundo de vanidades en plena adolescencia, Teresa de Ahumada y Cepeda, «enemiguísima de ser monja» y desasosegada interiormente al entrar en un mundo que no le gustaba, encuentra en su camino a su primera gran amistad: Doña María de Briceño. La Providencia ha puesto a esta monja agustina al cargo del grupo de adolescentes en el que se encuentra ella. «Todas estaban contentas conmigo», nos dice. Le daba Dios el don de que allí donde estuviese se hacía querer. Poco a poco va olvidándose de lo que ha dejado atrás y empieza a romper su relación con un «amigo especial».

Allí en el colegio empieza a tomar gusto por los libros espirituales que hasta entonces solo soportaba por devoción hacia su tío Pedro de Cepeda «en cuyo ejercicio de buenos libros en romance, hacíame que le leyese y aunque no era amiga de ellos, mostrábale que sí».

Entra poco a poco en el estilo de lo que ella llama «libros buenos». *El Tercer Abecedario,* del P. Osuna, sacudirá con fuerza su alma de adolescente enferma, en sus páginas descubrirá el gusto por la oración mental. Un libro clave en su desarrollo espiritual.

A partir de Osuna conocerá las cartas de san Jerónimo y el *Libro de Job*, comentado por el papa san Gregorio Magno, que lee con avidez y donde encontrará, poco después, ayuda para soportar los terribles sufrimientos físicos que le esperaban en sus primeros años de carmelita en el monasterio de la Encarnación... con solo 23 años.

Teresa entró monja en la Encarnación a los 20 años. Sufrió grandes enfermedades, producidas, según ella, por «el cambio de vida y manjares que aunque el contento era mucho, no bastó». Los médicos y curanderos no supieron diagnosticar ni curar. Sanó por intercesión de san José, pero solo a medias; quedó ya maltrecha. La enfermedad será siempre su compañera de vida, quebró su cuerpo, pero su alma salió fortalecida. Dios la llamaba a una total unión con Él. Y ella lo sabía.

5. Una amiga providencial

Doña María de Briceño, discreta y cauta, pone óleo de curación en el corazón herido de la joven Teresa. Le cuenta su vocación y cambia en ella los criterios torcidos por las amistades juveniles. Su gran «enemistad de ser monja» empieza a ablandarse.

Envidia las lágrimas de la monja al rezar pues ella «aunque leyera la Pasión de Cristo no lloraba una lágrima». Siente «recio su corazón» pero el influjo de su amistad con la madre Briceño va calando hondo. Con delicioso candor pide a todas las jóvenes que la ayuden a elegir estado. El casamiento no entra ya en sus planes. Tiene miedo al matrimonio pero... tiene más miedo aún a que Dios le dé el estado de monja... Doña María de Briceño, con su ejemplo, le hace recordar que «los caminos de Dios, no son nuestros caminos». Entonces se acuerda de una amiga de la infancia, Juana Juárez a la sazón monja en el Monasterio donde ella la visitó en algunas ocasiones: Nuestra Señora de la Encarnación.

6. Su familia

Teresa recuerda cómo, en uno de sus «primeros arrebatos místicos, parecióle estar metida en el cielo y a las primeras personas que vio allí fueron sus padres ya muertos». Algo importante nos cuenta sobre sus hermanos, que le tenían «gran amor». El apellido Ahumada, tomado de la madre, lo llevaban Hernando, Antonio, Pedro, Agustín y Juana; los otros Rodrigo, Teresa, Lorenzo y Jerónimo tomaron el apellido Cepeda de la abuela paterna.

Rodrigo fue su compañero de juegos y primeros impulsos misioneros. Fue Antonio de Ahumada el que la acompañó cuando huyó de casa la madrugada del dos de noviembre. La pequeña Juana, huérfana desde su primer añito fue criada por la Santa en su celda de monja hasta la edad de matrimoniar. En 1535 su querido hermano Rodrigo viaja a América. Con Rodrigo y Lorenzo fue con los que tuvo más unión.

Teresa, ya carmelita sufre una grave enfermedad que obliga a su padre a sacarla del convento. Estamos a punto de perder a la futura Santa. Lorenzo, aún muchacho, la velaba de noche en una de sus enfermedades; vencido por el sueño no supo ver que una vela sobre la cama prendió fuego a las ropas y la futura santa estuvo a punto de morir quemada. Lorenzo siempre será su hermano más querido y cercano, aun en los años que vivió en las Américas, y sobre todo, en su vuelta a España.

Por aquel tiempo se había apoderado de la juventud española un afán aventurero por la conquista de nuevas tierras con grandes ideales o vulgares ambiciones. Hasta entonces sus vidas habían estado motivadas por la Cruzada contra los moros, que terminó con la toma de Granada.

De esta familia, los siete hijos varones también se fueron a hacer las Américas donde veían, como otros de jóvenes de Ávila, su futuro de gloria y riqueza. La situación política y económica de la ciudad, y la decadencia a partir de la guerra de los comuneros hacen que un gran número de conquistadores o emigrantes, como los llamaríamos en este siglo, salieran de sus almenas y sus muros para navegar hacia las Américas.

Según el historiador francés Joseph Pérez, otra de las razones que empujan a los hermanos Cepeda y Ahumada a hacer las Américas es que no han estudiado, no tienen títulos de bachiller, ni de licenciado, ni ninguno que les permita hacer carrera en su tierra. Lo único que les queda es convertirse en soldados. Querían emprenden sus viajes a las Indias siguiendo a su vecino el Virrey Núñez de Vela pero Don Alonso padre, está enfermo grave y sus hijos aplazarán sus viajes para cuidarle. Marcharán más tarde con el conquistador Vaca de Castro desde Sevilla. Al haber venido a menos la fortuna de Don Alonso, aumenta el afán de sus hijos por ir a aquellos muy ricos y lejanos territorios de las Indias.

Su padre, Don Alonso, les ha provisto de arneses caballos, esclavos y demás necesidades para llegar a conquistar las tierras lejanas como hidalgos.

Los dos hermanos mayores, Hernando de Ahumada y Rodrigo de Cepeda partieron antes de que su hermana se hiciera carmelita.

Todos los hermanos, al llegar, combaten en la batalla de Iñaquito: unos salieron heridos y sanan, pero Antonio muere a causa de las heridas en la batalla.

A pesar de la gran distancia que separaba a Castilla de las Indias y las dificultades de comunicación que existían en aquel siglo, Teresa no dejó de tener trato con ellos y vivir con gran inquietud todas y cada una de sus hazañas.

La relación del Carmelo con las Indias siempre fue muy fuerte. La Santa rezaba por su hermano y Lorenzo colaboraba con su oro en la fundación de sus conventos.

Trece años después, es decir, 34 de la separación de los dos hermanos, volvieron a reunirse en Sevilla. La Santa Fundadora había viajado para establecer otro de sus monasterios, venciendo mil obstáculos que se compensaron con el cariñoso abrazo fraternal que le dio su hermano Lorenzo recién desembarcado en Sanlúcar de Barrameda. ¡Con qué alegría se vuelven a encontrar los dos hermanos! Le encomienda la educación de Teresita, su última hija, niña de escasos nueve años nacida en Quito. De esta forma nacería la primera carmelita americana. Vivió feliz junto a su tía, y hasta la muerte de ésta, siendo un fiel testigo en los procesos de beatificación y canonización de la Santa.

Una vez reunida la familia en Andalucía, viajan de vuelta a Ávila. La madre Teresa, además de sus muchas ocupaciones como carmelita, fundadora y escritora, ayudó mucho a Lorenzo. Buscó para éste la mejor forma de convertir a un indiano en un hidalgo. Le asesoró sobre cómo comprar una buena casa de campo. Adquiere la Serna, donde vivirá como un tal. Ella se ocupará de conseguirle un mayordomo y una cocinera.

La Santa y Lorenzo tuvieron una estrecha relación humana y mística y llegaron a compartir de lleno la vida teologal. Ella se ocupa de formar su alma y Lorenzo con sus bienes se ocupa de apoyar a la Santa en sus tareas de fundadora. «Es como un ángel» escribe de ella a su hermana. Tal es la confianza en él que le presenta a san Juan de la Cruz y le invita a leer el *Libro de la Vida* y el *Camino de perfección,* así como otros papeles íntimos.

Sus sobrinos también fueron dirigidos por ella al colegio de San Gil de los jesuitas. Francisco fue un chico travieso que dio a su tía bastantes problemas en la juventud.

Lorenzo de Cepeda muere en su finca de la Serna y es enterrado en una capilla del convento de San José.

El desdichado hermano Pedro, que también hizo las Américas, se casó en Pasto con Ana Pérez quien enviudó en 1574. Pobre y desalentado se une a su hermano Lorenzo para emprender el regreso a casa. La madre Teresa, con su gran intuición, enseguida descubrió sus rarezas y esquizofrenia, y pidió a Lorenzo que se ocupase de él en Ávila y le ayudase a sobrevivir. Pedro en su locura huyó de casa de Lorenzo y, hambriento y desaseado, se presentó a Teresa en el Carmelo de Toledo. Para ella, este problema será de difícil solución pues tiene que intervenir ante el paciente Lorenzo y poner paz entre los dos hermanos. Pedro no dejará de incordiar a la familia, incluso después de la muerte de Lorenzo, acosando a su hijo Francisco y causando a la Santa, en sus últimos días, un verdadero drama familiar.

Agustín nació también en Ávila y solo tiene ocho años cuando su hermana entra monja en la Encarnación. Marcha a Perú con el conquistador Pedro García de Lagasca a los diecinueve años. A su servicio lucha contra Pizarro, luego se acerca al Virrey Antonio de Mendoza. Lucha al lado del famoso Alonso de Ercilla. A través del dominico García de Toledo su hermana conoce las hazañas de Agustín y se lo cuenta a la hermana pequeña, Juana: «Agustín de Ahumada está con el Virrey Francisco de Toledo». Fue un verdadero conquistador y aventurero en todos los sentidos tanto que a su hermana Teresa le preocupó la vida azarosa que llevaba y hasta temía por la salvación de su alma. Escribe a Lorenzo a Quito «Estoy con harto cuidado de Agustín por no saber cómo va en las cosas de nuestro Señor».

Como vemos la Santa se entera de las hazañas de Agustín a través del dominico. Agustín ha tenido ya una hija natural, Leonor. Su buen hermano Lorenzo se ocupa de casarla. Tuvo además otra hija que se casó con el capitán Juan de Córdoba, madre de cuatro hijos.

Sigue preocupada por la vida errante de Agustín. Con su gracejo habitual dirá: «No tiene asiento que aún no está casado y hoy está de un cabo y mañana en otro». Nosotros diríamos que anda de la ceca a la meca.

Antes de despedirnos de la familia vamos a «coger en brazos» a esta niña, Juana, que nace cuando Teresa tiente trece años. Queda huérfana desde muy pequeña y vive con su hermana en el convento de la Encarnación hasta que se casa. Preparada en el convento para el matrimonio se traslada a Alba de Tormes con Juan de Ovalle, con quien contrajo matrimonio. Juana murió en Alba de Tormes a los cincuenta y nueve años.

Teresa, con una dedicación profundísima, corresponde a su familia a largo de todos los años. Es una monja de clausura profundamente arraigada en su vida contemplativa. Una enferma crónica que viaja a través de todos los caminos en las peores condiciones para dejar conventos en numerosas ciudades, y todo ello manejando los dineros que aborrecía y con el alma elevada hacia nuestro Señor en arrobos y visiones.

Esta es, a grandes rasgos, la historia de los hermanos de santa Teresa. Una historia agitada, cargada de aventuras y conquistas, pero vivida con mucho amor hacia su hermana Juana.

7. Monasterio de la Encarnación

Podemos acercarnos a su casa una madrugada del dos de noviembre, día de difuntos, en una ciudad monástica por excelencia y donde las campanas estarán ya tocando a muerto. Toda Ávila está durmiendo. En la Casa de la Moneda los criados no se han levantado aún, los niños pequeños duermen, el señor de la casa está en sus aposentos, pero si esperamos a las afueras de la casa veremos que el portón principal se abre con sigilo y con mucho cuidado. Salen dos jóvenes embozados con las capas por frío espantoso y con cara de angustia, poco normal en ella al ser una joven atractiva, hermosa con buen aspecto físico a la que recuerdan vestida con una falda naranja con volantes negros con los chapines muy a la moda.

Salen corriendo y seguramente cogerán la calle de Las Tres Tazas para llegar a la explanada de El Carmen ya fuera de las murallas. Escapan de casa deprisa, si se paran ya en su falta de aliento por correr, verán a lo lejos envuelto en el sol pálido de la madrugada de noviembre, la mole gris de piedra que forma el Monasterio de la Encarnación. Con paso decidido los dos se dirigen hacia allí, su meta.

«Acuérdome —dirá ella después de muchos años en el *Libro de su Vida*—, y a todo mi parecer que cuando salí de casa de mi padre no creo será mayor el sentimiento cuando me muera, que parece que cada hueso se me apartaba de sí. Como no tenía el amor de Dios que quitase el amor de padres y parientes siempre que el Señor no me ayudase, mis consideraciones no bastasen para seguir adelante». Es decir, sale para entrar de monja sin vocación. En un momento donde casi todas las jóvenes se metían monjas porque los varones de la época se iban a las Indias en busca de fortuna.

Unas se metían por verdadera vocación, otras por hambre. ¡Qué cosa más normal que la hija de un hidalgo religioso se meta monja, en la Encarnación, el monasterio —se podría decir de «moda» en la época— donde tiene amigas! Ella con su cabeza racional, sensata y puesta sobre los hombros, cree que allí no puede haber «peligro» para su corazón tan grande para hacer locuras como ha demostrado unos años antes. Cuando se mete allí monja piensa que pasará un «purgatorio corto a cambio de un cielo grande».

Eso es lo que ella cree y, por eso, decide irse monja aún con la oposición de su padre al que adora, que le ha dicho «que monja sí, pero no en mis días». De momento su meta es la Encarnación donde pasará unos años y morirá teniendo un gran cielo que habrá ganado por ser monja. «Eso creía ella».

La Encarnación le ofrecerá una buena tierra para sembrar de su amor a Dios. Una mano amorosa porque encontrará personas que le guíen el espíritu: san Pedro de Alcántara, san Francisco de Borja con los padres jesuitas, los dominicos; todos ellos le dirán que su alma va camino de Dios. Será su cuna espiritual, crecerá como si estuviera en un invernadero, porque entra con mucho dolor, con mucho disgusto, como más tarde recordará en su biografía.

Teresa entró monja a los 20 años, sufrió graves enfermedades que le produjeron según ella «el cambio de vida y manjares que aunque el contento era mucho, no bastó». La enfermedad será siempre su compañera de vida.

Pero el mundo de fuera le seducía... llevaba una vida penosa «porque yo no gozaba de Dios ni traía contento en el mundo; cuando estaba con Dios, las afecciones del mundo me desasosegaban...». Se siente incapaz.

Deja y toma la oración y su alma se desgana, busca a Dios a medias, no deja el «mundo» al que seduce con su atractiva personalidad.

Abre el libro de san Agustín, *Las Confesiones,* que la marca profundamente. Se identifica con este santo «pecador»...

En su celda de la Encarnación tiene una buena biblioteca. Su padre, sus amigos y ella leen y comentan la *Vida de Cristo,* de Ludolfo de Sajonia... su iniciación a la Biblia y a su cristología. Lee lo que san Juan de Ávila escribe en su retiro de Montilla. Colecciona obras de san Francisco de Borja, Fray Luis de Granada, el Cantar de los Cantares y Vidas de Santos.

De pronto estalla una noticia que llenará de horror a los lectores piadosos de conventos y familias. Acaban de publicar *El Índice de libros prohibidos* El Inquisidor Fernando de Valdés envía a la hoguera a todos los autores favoritos de la madre Teresa... Sus asesores de tantos años; tendrá que prescindir de su apoyo... «Lo sentí mucho» dice escuetamente. Pero la herida fue profunda... Sólo conservará los Evangelios, las Cartas de San Pablo, los Salmos y como en su niñez las Vidas de Santos.

De la quema de sus libros saldrá beneficiada. La Voz amiga hablará en su interior: «No tengas pena yo te daré el libro vivo»... Ha terminado el tiempo de guiarse con el decir de otros. A partir de ahora, será ella con su pluma, la que nos dirija y ayude a rezar... Tiene cuarenta y cuatro años y empieza a escribir sus libros, sus casi mil cartas, poesías, canciones, comentarios bíblicos... su pluma solo paró con su muerte.

Páginas escritas por Santa Teresa de tan fina y conmovedora suavidad que para escribirlas no basta con ser literato ni genio ni doctor místico, es preciso ser mujer» (P. Luis Martín, SJ). Santa Teresa, mujer excepcional, «engolosinó» (palabra atribuida a ella misma) a todos.

Los variados seres que, de una forma u otra, se cruzaron en su camino quedaron para siempre «prendidos» en las redes de su simpatía, su cariñoso trato. «El que la conversaba no podía apartarse de ella», dice un contemporáneo.

Chispeante al hablar, alegre y ocurrente en sus comentarios. Caritativa en los juicios sobre otros, siempre interesante y... agradecida por el menor detalle hacia ella... Amiga de sus amigos, trató con la misma llaneza a los arrieros que recorrían con ella los peligrosos caminos como a banqueros y mercaderes que fueron su apoyo económico, a caballeros y a mendigos en quienes veía a Cristo y a obispos, teólogos, sacerdotes, damas, duques, reyes e infantes. De palabra y por carta trató íntima y personalmente a gente del Siglo de Oro de toda condición.

Su «determinada determinación» fue la de vivir encerrada en un convento. Ser pobre y oculta, y ganar el cielo eterno con un «corto tiempo de purgatorio» vivido en el Monasterio de la Encarnación. Pero vemos que no entraba en los planes de Dios enterrar los talentos de la monja Teresa entre esos muros de piedras berroqueñas.

Ella, obediente, caminó por las sendas del alma en busca del Amado durante sus veintisiete años en la Encarnación y... después por los no menos difíciles caminos de la tierra. En su peregrinar en carreta, a pie o en mulo, enferma o soportando soles y lluvias realizó una aventura a lo Divino... Edificó diecisiete conventos y levantó otras tantas iglesias en veinte años... Andariega, inquieta no se conformó con los paisajes de su tierra. Puso los ojos y el alma de misionera en los «hermanos de América que tanto me cuestan», en la crisis eclesiales de Europa y su espíritu vibró con la Iglesia de la que siempre se sintió hija.

«No es virtud en mí, pues soy de natural tan agradecida que con una sardina me sobornarán», escribe a una de sus monjas en Sevilla expresando su buena disposición innata a quien le ayudó. Sus amigos sabrán de esto pero sus enemigos también recibieron en todo momento su comprensión... y perdón.

8. Doña Guiomar, una amiga de Ávila

Doña Guiomar de Ulloa había enviudado joven. Su esposo Don Francisco de Dávila, Señor de Sobralejo, la ha dejado sola en un palacio grandioso, con unas rentas importantes y dos hijas jovencitas, monjas en la Encarnación.

La belleza de Doña Guiomar, la nobleza de sus apellidos y su fama de viuda honesta atraen a caballeros de Ávila a solicitar su mano. A ninguno acepta. Socorre a necesitados y acoge en su palacio a religiosos y gente de sociedad. De su encuentro con la madre Teresa nació una estrecha relación de amistad beneficiosa para las dos. Doña Guiomar asimiló el ejemplo de costumbres de la carmelita y sus grandes deseos de oración y virtudes. A su vez, la viuda noble fue el apoyo impensable que una religiosa de experiencia divina pudiera recibir de una seglar.

La Santa vivió temporadas en su palacio, donde trató y confesó con los Padres de la Compañía de Jesús, vecinos y protegidos de Doña Guiomar... desde jóvenes misacantanos, hasta san Francisco de Borja. San Pedro de Alcántara, el franciscano legendario «hecho de raíces de árbol» que ni comía ni dormía, amigo de Doña Guiomar, tranquilizó su alma atormentada. Para los hombres de su época una mujer, monja y «sin letras», no tenía entendimiento para llegar a Dios y, sin embargo, Teresa estaba llegando a cotas muy altas en la oración de unión con Dios, mientras desempeñaba el oficio de cocinera, enfermera, y barría y fregaba como las demás...

Son unos tiempos de grandes tribulaciones y Teresa no cesa de llorar. Sus amigos fieles sospechan de las mercedes que Dios le hace en la oración y, con cariño y buena voluntad, convencen a su confesor, joven inexperto, de que es «acción del demonio». El confesor la trata con dureza «y yo... a llorar», nos dice. El grupo de «fieles consejeros» se cierra con rigor en torno a ella. El demonio la tiene poseída... opinan convencidos. San Pedro de Alcántara providencialmente, acertará a visitar Ávila en esos días. Doña Guiomar le dará hospedaje y pedirá permiso a la priora de la Encarnación para acercar a la Santa al franciscano santo. La priora respira aliviada: Teresa y sus visiones empezaban a ser un problema teológico para ella.

San Pedro acertó a discernir que las visiones intelectuales de Teresa no venían del demonio... ¡sino de Dios! «Húbome grandísima lástima. Díjome que uno de los mayores trabajos de la tierra era el que ella había padecido, que es la contradicción de buenos y ¡todavía me quedaba harto!».

Doña Guiomar fue imprescindible en la trayectoria de santa Teresa, al acercarla a teólogos y santos que modelaron su vocación de fundadora y que sosegaron su espíritu. Le abrió con discreción las puertas de su palacio en los tiempos tan difíciles para su salud física y, en los éxtasis y visiones altísimas, la escondió de miradas indiscretas... Corretearon alegremente por las empedradas calles de Ávila buscando casa pobre donde fundar su primer «palomarcico», el de San José, en pobreza, y generosamente volcó en él las rentas de su mayorazgo.

Doña Guiomar será recordada como la gran amiga de la Santa en cuyo palacio un querubín clavó en su corazón un dardo de oro prendido en fuego.

9. El Padre General, impulso de las fundaciones

«¡Ten calma, hija, aún verás grandes cosas!».

En aquel histórico día de primavera de 1567, la madre Teresa de Jesús es una carmelita descalza, reformadora de la orden y monja de clausura en pobreza. Lleva cinco años viviendo en plenitud espiritual rodeada de un grupo de jóvenes que cumplen con heroicidad la regla. Son los cinco años más felices de su vida, con visiones continuas y arrobos que las monjas contemplan sin inmutarse.

Atrás quedan los sobresaltos de la fundación de este «palomarcico» de San José cuando todo Ávila se revolvió contra él.

En los primeros días de su fundación el pleito llegó a la Corte pero... el convento se mantuvo en pie. Las «cuatro pobres huérfanas» con las que empezó su andadura atrajeron a más doncellas y estas a otras hasta convertir San José en un minúsculo centro de santidad admirado por detractores y amigos.

San Pedro de Alcántara convenció a la madre para que fundase en pobreza y vivieran del trabajo de sus manos. Decisión costosa, avanzada a la época y rechazada por todos; solo el obispo Don Álvaro de Mendoza, admirador del Santo y entusiasmado con la Santa desde su primer encuentro, lo acogió bajo su protección. Desde dentro las monjas viven en un coloquio íntimo con Cristo.

El Concilio de Trento ha cerrado por fin sus puertas; una de sus sesiones trata de las reformas de las órdenes religiosas. «Los caminos de Europa se cubren de blanco», escribirá el P. Efrén de la Madre de Dios, famoso carmelita. Son las capas blancas de los padres carmelitas que acuden a Roma llamados a Capítulo. Se elige nuevo Padre General. El P. Juan Bautista Rúbeo de Rávena es elegido. Sale hacia España con deseos de cumplir las Ordenanzas del Concilio y visitar detenidamente los conventos antes de que los enviados del Rey intervengan en la Reforma.

El rey Felipe II en España se impacienta. Una y otra vez envía emisarios a Roma. Él, personalmente, quiere continuar la reforma emprendida por los Reyes Católicos, entrar en los conventos, quiere intervenir a su manera. El papado le frena.

Las monjas desde su encierro siguen con interés los problemas de la Iglesia, lo mismo que el rey Felipe II desde el Escorial cada vez más obsesionado por la reforma de su Iglesia... Ni ellas ni el rey... ni el Padre General saben que la reforma ha plantado una pequeña raíz, cinco años antes, por medio de una monja, en la piedra berroqueña de su pobre «conventico». De esa misma piedra, su majestad construye el Escorial. La madre Teresa ha prendido la llama que el Padre General hará arder.

El Visitador carmelita siguiendo las directrices del Concilio ya está en España. Recorre los conventos andaluces... sale escandalizado por los desmanes, problemas y herejías que encuentra. Visita la Corte, viaja a Portugal, vuelve a Castilla y llega a Ávila. El P. Juan Bautista tiene la primera gran satisfacción de su largo y cansado recorrido. Le hablan de un «milagro». En un pequeño convento se vive la regla primitiva de los padres del Monte Carmelo, una mujer extraordinaria contra viento y marea y contra ella misma ha dejado el abierto régimen de vida del Monasterio de la Encarnación para inmolarse con Cristo en la Cruz de la pobreza y oración constante.

En Roma no lo saben. No tiene papeles, no está acogida a la Orden. Por cobardía no quisieron aceptarla... Ella es carmelita... pero está esperando ansiosa la visita del nuevo Padre General.

Vive en San José siendo conventual de la Encarnación y... no tiene papeles en regla.

¿Volverán las angustias? ¿La mandará el Padre General de vuelta a la Encarnación? ¿Cerrarán definitivamente su «convento»?

Recuerda «grandes» cosas a sus cincuenta y dos años.

Baja al locutorio y se encuentra frente a frente con este majestuoso personaje que ha hecho temblar a los díscolos conventuales andaluces... Incluso ha hecho preocuparse a su Majestad...

Se miran de frente. La madre ve en su mirada la profundidad de un místico... Ve su dolor por los malos ratos pasados como ella. Come hierbas y vive la Regla en perfección, ajeno al séquito renacentista que le acompaña. El padre Juan Bautista no puede dar crédito a lo que está viendo y oyendo «Monjas tan diferentes, vestidas con sayas sin falda, calzadas con alpargatas». Recorre las ermitas de la huerta donde se esconden las monjas como los ermitaños en las cuevas de Monte Carmelo. A solas con Dios.

«Alegróse» dice la madre ya tranquila, «de ver la manera de vivir, y un retrato, aunque imperfecto, del principio de nuestra Orden... y cómo se guardaba la Regla primitiva en todo su rigor». Pero... también vio la falta de papeles... patentes en regla.

«Yo le di cuenta con toda verdad y llaneza, porque es inclinación tratar así a los prelados, suceda lo que sucediere, pues están en lugar de Dios...».

El Padre General quedó fascinado. «Me consoló mucho, y aseguró que no me mandaría salir de allí»....

La tranquiliza acogiéndola con toda legalidad al amparo del Carmen. La madre llora de felicidad, y al despedirse la llama «la mia figlia».

Pero... ¡¡¡vuelve!!! Y ahora sí que hace temblar a su nueva y querida hija. Le pide nada «menos» que salir de San José y fundar por todo Castilla «tantos conventos como tenga pelos en la cabeza»... Que extienda su reforma... y la llena de patentes y permisos.

«Hela aquí una pobre monja descalza y sin ayuda de nenguna parte, sino del Señor, cargada de patentes y buenos deseos y sin nenguna posibilidad de ponerlo por obra»...

Ha llegado la hora de interpretar el mensaje: «Verás grandes cosas»... y este Amigo no falla... «en dar osadía a una hormiga». Ha calado dentro de ella su misión profética —«sal de tu tierra» como Abraham— y realista: «Necesita apoyos de varones que velen por la regla»... Así lo pide al P. Rúbeo y recibe solo permiso para empezar con dos padres carmelitas su estilo de vida... ¡pero no los encuentra en todo Ávila!

10. Julián de Ávila, el compañero de viaje

Teresa ya está en marcha, todo Ávila murmura de nuevo, «que si yo estaba loca» ¡La mayoría espera reírse del mal fin de esta nueva locura! Ni su amigo D. Álvaro, el Obispo, ve prudente este proyecto de viajar a Medina. «¡Todos los amigos callan...!» También su «Amigo». Más adelante se quejará a Él recordando aquel vacío del silencio de su Voz.... «En Medina no me hablasteis».

Dos amigos antiguos, sin embargo, le esperan allí. El P. Antonio Heredia, que se volcará en su ayuda, conoce la historia de esta monja, su trayectoria divina y siente ganas de engancharse al «carro» de su santidad. Ahora es el solemne Prior del Colegio de Santa Ana. Amigo de buena celda, y de su honra, gran señor, que dejará su cargo para entrar por el camino angosto que vive Teresa de Jesús. Agradecido a Dios de iniciar junto a ella la vuelta a los orígenes de su Orden.

Otro amigo la espera en el recién fundado Colegio de los Padres de la Compañía, allá en el fondo en la calle de Santiago...

El P. Álvarez que hizo llorar desconsoladamente a Teresa en sus principios de «unión con Dios», fue un confesor duro e inexperto. Ahora ya maduro, ocupa el cargo de rector y recuerda con cariño la humildad y paciencia de la Santa para con él.

Teresa conservará íntegra la amistad con ambos religiosos.

A falta de varones reformados que la acompañen en su primer viaje, Teresa eligió a Julián de Ávila y, desde entonces, fue su caballero andante a lo largo de toda su vida. Es un clérigo capellán y confesor de las cuatro monjas del convento. Es un hombre humilde y devoto de la madre, siempre dispuesto a favorecerla. Su alegría fue completa cuando la madre Teresa de Jesús se fijó en él para acompañarla en sus viajes. Por él sabremos las andanzas, peligros y dificultades que vivió junto a la Santa viajera.

Compartió con ella trabajos, penas y esperanzas durante veinte años. Hizo una descripción de sus andanzas llena de humor y ternura hacia la Santa. Escuchemos a este animoso amigo: «Era tanto el fervor que esta sierva de Dios traía en estas fundaciones, que ningún temor ni dificultad le cansaban, caminar con aguas y nieves en tiempo de invierno ni de grandes calores. En que hubo caminos que siempre nos íbamos mojando pero nunca parando por andar nuestra jornada. Hubo una vez que, después de habernos llovido dos días arreó sin cesar. Llegamos a una posada en donde era tanto lo que nos mojábamos en ella como en el camino, pero esto y otras cosas trabajosas las llevaba con un ánimo varonil, esforzándonos a todos y animándonos a padecer por amor de Dios de lo cual ella gustaba».

La madre ha puesto los ojos en Medina del Campo, ciudad histórica, rica, famosa por sus Ferias internacionales donde todo se compra y se vende... dirá Julián de Ávila... «Como vinimos a tierra de feria donde se haya de todo, también halló dos piedras fundamentales para empezar su reforma».

Julián de Ávila abre el camino a la Madre, obtiene permisos, patentes, dispensas eclesiales, civiles, pero también oye comentarios ofensivos hacía «esa monja visionaria». Con su buena fe todo lo consigue: una casa en alquiler provisionalmente, la mejor de Medina, y otra con promesa de venta, en ruinas...

La Santa «no tiene blanca pero quiere poner a las monjas con autoridad», cumpliendo el mandato de su superior.

En homenaje a la Virgen quiere estrenar convento el quince de agosto, festividad de nuestra Señora de la Asunción... sin saber que todo Medina celebra las fiestas más importantes del año con corridas de toros, encierros en sus calles, cañas y toda clase de acontecimientos festivos en esa fecha. La ciudad se llena de extranjeros atraídos por las ferias y las fiestas. Hay gente noble y gentuza que invade las afueras de la villa. Esta vez no podía fallar. La fundación se haría solemnemente.

Las dificultades y contratiempos empiezan a surgir apenas la caravana empieza su camino... Todo y todos se ponen en contra de Teresa de Jesús. La advierten de que no siga adelante. Medina le ha cerrado sus puertas. Su fe crece ante la prueba, recurre a su capacidad organizadora, a su empuje de mujer comprometida y no vuelve atrás. Cuando «el demonio se alborota buena señal para la nueva fundación», piensa la Santa.

Llegan a Medina de noche, cruzando a pie los suburbios, en medio de gente innoble que les insulta. Escapan de los cuernos de los toros que esa noche se encerraban a lo largo de la calle Santiago. De noche, sin ayuda, por fin llegan a la única casa que han podido encontrar y empeñan la noche entera en adecentar el zaguán como iglesia.

La madre está a punto de desfallecer cuando al amanecer ve el convento que ha fundado: el Santísimo expuesto entre las ruinas de una iglesia improvisada a la luz de la luna. La madrugada del día de la Asunción de la Virgen una pobre campanita tañe con fuerza en la ruinosa casa de la calle Santiago comprada a ciegas, a la señora de Fuente el Sol. Todo Medina acude y se maravilla de ver a Cristo volver a nacer en un pobre portal.

Un convento que nace sin autoridad como Cristo en Belén... Teresa oirá admirada: «Bien puedes decir que la fundación de Medina fue milagrosa». Teresa lo comprueba una vez más: los caminos del Señor no son nuestros caminos.

11. San Juan de la Cruz, un alma gemela

El emperador Carlos ha llegado a la calle de Santiago y se ha detenido ante el Palacio de Don Rodrigo de Dueñas, su banquero. Con él quiere saldar sus deudas y calentar sus doloridos huesos en la chimenea que arde y decir adiós a Don Rodrigo antes de seguir su camino para encerrarse en Yuste, el monasterio en el que espera pasar sus últimos años, olvidando sus años de emperador.

En esa calle de Santiago, el niño Juan de Yepes, hijo de Catalina, ha vuelto a casa de su madre. Tiene ya veinticinco años y estudia en Salamanca. Viene a celebrar su primera misa en la villa que le vio crecer. Se une a su madre con su amigo Pedro de Orozco y al P. Antonio Heredia, el Prior. Ahora se llama Juan de Santo Matías y su alma dada a la oración se siente atraída por el silencio de la cartuja. En esos pensamientos está el joven P. Juan cuando oye hablar de una joven monja carmelita que llegó a Medina poco tiempo atrás.

El joven Juan es menudo, serio, estudioso, tímido y ha fracasado en todos los oficios de los que podría vivir. A cambio disfruta haciendo de monaguillo, curando «bubas» en el hospital fundado por Don Rodrigo, amigo del emperador, y pasa las noches estudiando junto a su madre que cose las tocas para las señoras elegantes de Medina. Estudió con los padres jesuitas; le pagó los estudios Don Alonso Álvarez.

Juan tiene vocación religiosa; en sus peligrosas travesuras infantiles ha caído en un pozo del patio donde juega. Una «señora de blanco» le ha dado la mano y le ha rescatado. Siempre se sentirá protegido por Ella, la Virgen ha marcado su juventud... Introvertido, sólo hablará de ello en sus últimos días.

Ni el Rey, tan pendiente de sus conventos, ni el Papa en Roma, ni la gente que les rodea sabrán que una tarde de otoño de 1567 una amistad sagrada se fundirá para siempre..., estas dos almas gemelas, la madre Teresa y su «Senequita», se fundirán como dos antorchas que iluminen la Iglesia de aquel siglo hasta nuestros días. La madre Teresa ha visto en él un puntal para su reforma masculina. Contaba ya con el Padre Prior; ahora tiene también al enjuto Juan dispuesto a seguirle.

Alborotada con la alegría de una joven de cincuenta y dos años, correrá a ver a sus monjas y decirles que ya tiene «fraile y medio» para el principio de su fundación de la orden masculina.

Desde ahora y hasta su muerte, santa Teresa y san Juan de la Cruz vivirán dos vidas paralelas, se apoyarán mutuamente en el ascenso por el sendero de la mística rumbo a Dios. «Cuán chico es», escribe de él la Santa con cariño, pero «aunque chico es grande a los ojos de Dios».

A lo largo de estos cuatro siglos, se ha intentado describir a san Juan de la Cruz desde todos los ángulos...¡Tarea difícil!

A sus mismos contemporáneos les resulta imposible «encasillarle» pues son tantas sus facetas que unos le juzgan demasiado sencillo para tener estudios en Medina, Salamanca y Alcalá. Otros, por el contrario, le juzgan muy sabio y culto para su pobre apariencia sencilla y silenciosa.

12. Santa Teresa va como priora de la Encarnación

La Santa está de priora en su convento de Medina, contenta porque la quieren, pero por las circunstancias personales del Visitador, por su manera de ser, por su orgullo, y por los grandes problemas que tiene con las monjas de la Encarnación, decide que la Santa vuelva a la Encarnación como priora de donde lleva muchos años fuera.

Se armó un escándalo horrible cuando las monjas dijeron que no le habían votado cuando recibieron la noticia de que la Santa, convencida por el P. Salazar, va de priora. Ella piensa que no tiene nada que hacer en la Encarnación, entre calzadas y doscientas monjas que no la quieren. Ella quiere quedarse en Medina, pero el Visitador General, un dominico nuevo, piensa que si santa Teresa vuelve a la Encarnación, el germen de su santidad cundirá mejor para que desde abajo las monjas se vayan haciendo un poco a su estilo. Y le pide que tiene que ir. Santa Teresa está que no, por primera vez en su vida desobedeciendo porque no puede, no lo ve y porque no viene a cuento.

Recibe una carta de sus hermanos desde Perú contando lo que está pasando con unos y otros. Ella, que ayuda a todos con sus oraciones, en ese momento va a la capilla, una ermita pequeña que tiene la huerta. Le cuenta a Cristo que a su hermano pequeño le ha nombrado el Virrey un cargo importante, pero es un mujeriego, y si le dan más dinero y más importancia se va a echar a perder antes que intervenga ella para hacerle volver a España.

Como remate para convencer a su Señor le dice «que si fuera un hermano vuestro el que estuviera así, ¡qué no haría yo por salvarle!». Y Cristo le contesta: «Tan hermanas suyas son las monjas de Encarnación y no quieres ayudarlas». Entonces, ya vencida su oposición, sale a la puerta del convento de Medina, ve a un aguador que pasa con el burro y se monta en él.

Llega la pobre madre a Ávila, con sus muchos años, un seis de octubre para tomar posesión del cargo de priora. A todo esto las monjas, las señoras y los visitantes de esa reja, los «calaveras» que rodean el convento están todos cuchicheando al ver que viene Doña Teresa con el cilicio y las nuevas reglas.

Las monjas tienen en contra del Visitador que, sin contar con ellas, les ha nombrado una priora, cuando el convento tiene sus estatutos para poder nombrar a la que ellas quieran. Han votado a una Teresa Quesada y les han puesto a una Teresa Ahumada.

Allá dentro hay una muchedumbre esperando a ver qué pasa: las doscientas monjas en la puerta, dos con arcabuces (que tenían por si entraba alguno de noche), el resto a grito pelado. Era un espectáculo de locos, por las frases soeces, las deshonras que decían, ¡lo que es un grupo de mujeres alborotadas gritando!

Santa Teresa, que parece que todo eso no va con ella, coge su san José, que lo lleva en brazos, y se sienta delante del convento en una roca que había allí a esperar acontecimientos. Los griteríos se suceden.

El P. Salazar, con su orgullo herido de pensar que no le han hecho caso, queriendo tirar la puerta abajo, ¡se arma una campaña que ni el asalto a la Bastilla! Decide que si no entran por donde tienen que entrar con la procesión de rigor, entrarán por una puertita de la iglesia que da al coro. Por ahí cuelan a la futura madre priora y allí dentro, que pase lo que sea... que la maten si hace falta, pero que él las obliga a tener a la monja por priora. Ella, con su san José en brazos, calmada y tranquila, entra por esa puerta que no está guardada al convento. Cuando las doscientas monjas que están en la puerta ven que se les ha «colado» unas cuantas se desmayan, las tocas por los aires, llegan a un extremo que hasta pelean entre ellas. Aquello es una guerra.

El Padre desde un alto grita: «Si no quieren vuestras mercedes a la madre Teresa por priora...» y se crea un silencio: las que sí la querían, porque dejó muchísimas amigas, en ese momento saben que son preguntadas y responden «la queremos y la amamos». Todo el coro entona el «Te Deum laudamus».

Las monjas se van a sus celdas aunque dicen «que santa Teresa tuvo que recoger algunas del suelo porque estaban con una especie de ataque al corazón». La Santa saca una reliquia, la pone delante para que se levanten. Al fin todas se retiran.

Al día siguiente es la solemne toma de cargo. Ya están entrando las monjas en el coro, ocupando sus puestos con las velas encendidas, las capas blancas... Va a ser una ceremonia muy importante. La Santa está muy abstraída, pensado en algo pero no quiere que las monjas vean que está pensando en que ya se va a imponer. Entra con todas como una más. Se sienta en el sitial que ocupó cuando era monja, haría unos doce años. Las monjas desde sus sitios miran hacia el sitial de la priora y ven en él a la Virgen de la Clemencia con las llaves del convento en la mano, a su lado San José Parlero, con el que va siempre la Santa. Se levanta despacito y se sienta a los pies de la Virgen en el suelo. Les va haciendo una plática suave, en la que les dice «Vengo a serviros, perdonar, vengo impuesta, no me queréis y yo tampoco quería venir. Yo daré mi vida por ustedes, sé cómo son...»

Las monjas se quedan heladas. ¡A partir de ese día empezó a manejarlas con maña, eso hacía falta allí, con amor! Y empiezan a corresponderla. Ella se preocupa primero no de cilicios, ni reglas de austeridad, sino de la comida. Cuando una monja le dice que ha visto visiones le dice: «Vaya a la huerta y luego coma carne». Cuida de las enfermas y va cerrando las rejas. Expulsa a un caballero enamorado de una monja que va por allí, diciéndole que el rey le cortará la cabeza si vuelve, que ella tiene mucha relación con Felipe II. En todo Ávila se sabe que la Encarnación ya no es una diversión de locutorio.

Pide a sus amigos comida, dinero, influencias. Escribe y escribe y va sacando adelante el convento. Ella dirá que la eligieron por hambre.

Los tres años que estará de priora dirá, resumiendo, que ha tenido mucho trabajo, muy poca salud y muy poco dinero. Pero que Dios le está ayudando. En realidad pasa esos tres años enfermísima.

Llama a san Juan de la Cruz, y están las monjas con madre Teresa en la vida exterior y con el Santo en el interior de sus almas. La Encarnación se ha convertido en otro San José.

Los primeros veintisiete años que vivió en el Monasterio de la Encarnación llegó a tan unión con Dios que llegó a ser su alma, un alma con Cristo. En los tres últimos años ese amor lo volcó en el Monasterio. Y al marcharse dejó en su silla de Priora a la Virgen de la Clemencia. Desde entonces, nadie se ha atrevido a sentarse en esa silla.

13. Para las diecisiete fundaciones fue enviada por el Padre General

De las diecisiete fundaciones difíciles y complicadas, destacamos:

a) San José

San José, su primer «palomarcico» en pobreza, que todo Ávila rechaza. El pleito en contra llega a la corte pero la Santa hará que su hermana Juana y su marido compren la casa y la preparan para hacer de ella el convento.

El gran disgusto va a ser ver a su hijo Gonzalito cuando el niño es aplastado por una tapia mientras jugaba. Juana cree morir del disgusto pero su hermana coge al niño en brazos, lo cubre con su velo y entra en éxtasis. En seguida lo devuelve sano y salvo. ¡Ha obrado el milagro! Más adelante la Santa colocará al niño como paje en casa de los Duques de Alba.

b) Toledo

Toledo cuando llegue la santa será una ciudad de contrastes. La corte estaba en Madrid desde 1561.

A partir de entonces, Toledo creció en señorío, fuerza económica y comercio, libre de aventureros y gente advenediza pegada a la corte. El nivel intelectual de su universidad creció con los nuevos colegios.

Mientras los maridos nobles están con el Rey o en el sur guerreando contra los moriscos, sus mujeres, como Doña Luisa, convierten sus palacios en pequeñas cortes.

Las diferencias sociales eran muy fuertes, marcadas por la vida en parroquias o barrios. La de Santiago del Arrabal, por ejemplo era muy rica; la de San Isidoro, poblada por moriscos y alfareros, era pobre y sucia con las calles llenas de polvo.

La clase media, formada por mercaderes y comerciantes empezaba a ascender en categoría, pero seguía sin entrar en el mundo de la nobleza de sangre y sin contar con sus privilegios.

Un rico comerciante, y en nada relacionado con el ambiente en el que se movía la Santa, está en su lecho de muerte. Quiere dejar dinero para fundar una iglesia, privilegio que sólo tenían los nobles.

El padre jesuita que asiste, recomienda a Martín Ramírez fundar con la iglesia un convento de carmelitas. Este P. Hernández, el «Padre Eterno» como le llamaba la Santa por seriedad, decía de de ella «que era muy gran mujer de tejas abajo y de tejas arriba muy mayor».

Marín muere dejando poderes para fundar a su hermano Alonso y al yerno de éste, Diego Ortiz, «muy teólogo y devoto» según la Santa, pero muy duro de mollera y puntilloso, como caerá en cuenta cuando se encuentren.

La monja carmelita, en el tiempo de la muerte de Martín Ramírez y de su donación, está en Valladolid con Doña María, hermana del obispo de Ávila, Don Álvaro de Mendoza, su mayor protector, tratando de resolver los problemas de aquella comunidad y, por tanto, vive ajena al legado que acaba de recibir.

De Toledo le escriben que acuda con rapidez, pero de momento no puede ir. Doña María y algunas monjas contagiadas por las aguas pasan junto al convento de Valladolid, están enfermas de paludismo. También han contagiado a Julián de Ávila, su compañero de todos los viajes... su cronista, su capellán.

Se traslada a todas las enfermas a un palacio de la familia Mendoza. La Santa también está «harto ruin». Doña María la cuida y la mima tanto que «me mata a regalos» dirá ella.

Delega en Doña Luisa de la Cerda para que consiga las licencias eclesiásticas y los permisos para fundar.

Escribe a los albaceas del difunto por el asunto «de los dineros» y espera, de su amigo Alonso Sánchez «el rico», la compra de la casa que le tiene prometida. Siempre humilde cree que sin ella... es posible también lo imposible.

Pero, mujer precavida escribe al yerno «que no compre casa hasta que yo vaya»... porque algo se teme.

Doña Luisa no consigue nada del gobernador eclesiástico, Don Tello Girón, que ocupa —sin derecho— la sede del arzobispo de Carranza, destituido por la Inquisición y encarcelado, está en tirantes relaciones con el Cabildo. Se niega a dar las patentes. Primer problema para la madre Teresa.

Los albaceas, que quieren convento con la iglesia y enterramiento, algo impensable por la condición y origen del comerciante, exigen a la Santa condiciones tan difíciles que el acuerdo se hace imposible. Segundo problema para la madre Teresa.

Y, por últimos Alonso Sánchez, dispuesto a buscar casa y dar dinero, está enfermo.

La Santa decía que para fundar un convento solo se necesita una casa en alquiler y una campanita. La casa no la encuentran en todo Toledo.

Así estará todo cuando la madre Teresa y sus dos acompañantes, las dos llamadas Isabel, con el padre Aranda, crucen la triple muralla de piedra que rodea Toledo para encontrarse ante murallas de impedimentos más altos y difíciles de franquear.

Suben a la parroquia de San Román, la más alta de la ciudad. Dice el P. Rivera, su primer biógrafo: «Les dieron aposento como solían donde estaban con el mismo recogimiento de su monasterio».

Pero Doña Luisa no es la misma amiga complaciente que le recibió hace ocho años, está esquiva. No es de extrañar, se encuentra entre la espada y la pared. Su gente, familia y nobleza, la presionan y Doña Luisa hace causa con ellos, no quiere entrar en el juego de los mercaderes y abandona a la Santa.

Los albaceas enfadados deshacen el trato y le niegan los 12.000 ducados que le dejó el difunto. Don Gómez de Tello Girón sigue en sus trece y el amigo rico continúa enfermo.

La Santa, abandonada por todos, se acerca a su único apoyo, su Esposo, Cristo, al que quiere dar contento y en las proezas y en los momentos de fracaso.

«Díjome el Señor: mucho te desatinará hija, si miras las leyes del mundo, pon los ojos en mí, pobre y abandonado...».

Teresa dice a sus monjas: «El ídolo de los dineros derribado, está más segura de que es ahora cuando el convento se va a hacer». Se presenta a Gómez de Tello Girón y le planta cara, diciendo: «Recia cosa es que haya mujeres que quieren vivir con tanto rigor, encerramiento y perfección, y que los que no pasan nada de esto, sino que están en regalos, quieran estorbar obra de tanto servicio a nuestro Señor»... Antes de que termine la audiencia, ya tiene el permiso. Ha ablandado al altivo Gómez Tello Girón.

c) Pastrana

Terminada la fundación de Toledo, con lo que supone alojar a trece mujeres, aparejar la iglesia (ella era siempre la que barría), se sienta a comer y nos dice que le dio tal alegría después de un año, «ver que no tenía nada que hacer. Y que aquella Pascua podía gozarme en Nuestro Señor en algún rato, que casi no podía comer, según se sentía mi alma regalada».

«No merecí mucho este consuelo, porque estando en esto me vienen a decir que está allí un criado de la Princesa de Éboli, mujer de Ruy Gómez de Silva, y fui para allá sin comer, enviado por mí porque hacía tiempo estaba tratando, entre ella y mi, fundar un monasterio en Pastrana. Yo no pensé que fuera tan presto. Porque recién fundada esta y con tanta contradicción era mucho peligro dejarla» y dice al criado: «La princesa está allí y que no se sufría hacerla afrenta».

¡Es el primer encuentro con Dña. Ana de Mendoza y de la Cerda, señora de estas tierras! Habrá peores.

Sigue su método habitual: abre su puerta interior y se adentra entre dudas, acepta el consejo siempre refrendado por su confesor. Que vaya al encuentro ante la Princesa para no enojarla, que ya lo estaba muy mal a causa de comenzar la reforma masculina antes; no quiere quedar mal con Ruy Gómez que tiene mucha influencia ante el Rey, tan entusiasta de los dos primeros frailes que la Santa ha captado para estas tierras, a los que el propio Ruy Gomez ha ofrecido una ermita en sus campos de Pastrana. Como cualquier mujer actual, su sentido del deber le retiene en Toledo, pero su humildad le pide obedecer a «que no dejase de hacer esa fundación de Pastrana y que llevase las reglas y constituciones...».

«Procurad, aunque más pena os dé, obedecer, pues en esto está la mayor perfección...». Fue aquel mandato que escuchó en Toledo y que confirmó su confesor de turno.

La fundación de Pastrana se deshizo cuando murió el Príncipe, y la Princesa en un arrebato de dolor quiso hacerse monja, a su estilo. Distorsionó el convento y la Santa envió un carruaje de noche con la intención de retirar a la comunidad de aquella fundación. La Princesa se sintió herida en su orgullo y en venganza arroja el *Libro de la Vida* que la Santa había prestado al príncipe, su marido, al foso de la Inquisición. La Santa sólo comentó con pena «Está presa mi alma».

Después de Pastrana sigue fundado conventos e iglesias. Relatamos la última de ellas, la de Burgos.

c) Burgos

Teresa se valió en vida de personas y personajes de todo el estrato social en el que vivió siempre con la finalidad de «dar contento a Dios». Pongamos el ejemplo de su última fundación, la de Burgos, al final de su vida quizá la más trabajosa en unas condiciones que no podía soportar su salud. En lo más crudo del invierno se pone de viaje, llueve, nieva, se desbordan los ríos Arlanza y Arlanzón... Inundan Burgos. Le acompañan los más entrañables de sus amigos, Ana de San Bartolomé, Teresita Gracián, su sobrina, y también el P. Gracián.

Llega gravemente enferma, mojada, con una fuerte inflamación de garganta que no le permite hablar.

En su casa, junto a la Catedral, la recibe una señora vizcaína viuda, Doña Catalina de Tolosa, casada con otro vizcaíno que no hacía ostentación de sus bienes que eran muchos.

Doña Catalina, que murió carmelita en el convento de Palencia, abrió a Teresa y a su cortejo su casa y hacienda. El Arzobispo, miembro de la familia de Núñez de Vela, se negó a admitir un nuevo convento fundado por la que fue su amiga y vecina de la infancia. Ella demuestra una gran paciencia y constancia ante la contradicción del Arzobispo al que una y otra vez recuerda la misión por la que ha ido a Burgos: fundar otro de sus monasterios en pobreza. Su salud está ya muy deteriorada y cuando vaya a vivir en lo alto del hospital de Burgos se ocupará de cuidar a los enfermos aun estando ella peor que los que están ahí ingresados. Por fin, el Arzobispo Núñez de Vela cede ante la paciencia de la Santa y le permite el monasterio que ella espera. Un señor de Burgos, le cede una casa y allí queda ya el último monasterio de santa Teresa durante su vida como fundadora.

14. Sus últimos días

Sale de Burgos cansada y enferma, y pasa por Medina del Campo camino de Ávila donde piensa acabar sus días y desde allí subir a reunirse con su Esposo, el Señor. Tiene las tumbas familiares en su convento de San José y va con su sobrina pequeña, que siempre vivió con ella. Su padre les enviaba, desde las Indias, el dinero para sus fundaciones. Ella intenta dar el hábito de carmelita a esta niña que ha vivido con ella y que vemos que va a ser la primera «carmelita americana». Va también con ella su enfermera y amiga íntima Ana de San Bartolomé que, siendo pastora analfabeta, copió la letra de la Santa y, cuando ésta se rompió un brazo una noche de Navidad cayendo por la escalera del convento, Ana copia todas sus cartas y es capaz de escribir casi las dos mil cartas que escribió santa Teresa. Las últimas las escribe Ana con la misma letra.

Más tarde intentarán marchar a Ávila, y desde allí a Madrid, capital de España, con las pocas fuerzas que le queden donde siempre ha querido fundar un convento.

«Pero los caminos de Dios no son nuestros caminos...». El P. Antonio de Heredia, aquel Prior que vimos en Medina, el que se unió a san Juan de la Cruz para reformar a sus Padres, le está esperando en la puerta con una carroza.

El gran Duque de Alba está a la sazón en las campañas de Flandes y su mujer, la duquesa, una de las grandes amigas de la Santa cuya nuera está esperando con un parto difícil, piensa que si una Santa estuviera a su lado, el niño nacería con toda felicidad.

El P. Antonio, que sigue siendo un señor de mundo y tiene una deuda con la duquesa, quiere que santa Teresa, enferma y cansada, no se dirija a Ávila y la espera en la puerta del convento de Medina en la carroza de la duquesa para cambiar los planes de la Santa. La madre, sin desayunar siquiera, monta en la carroza con su sobrinita a un lado y, apoyada en el hombro de su enfermera, va medio muerta. No ha comido nada desde la noche anterior y no tiene blanca para comprar nada en el camino. Solo lleva unos céntimos con los que comprar dos higos.

Cuando ya se acercan a Alba, a lo lejos divisan la torre del castillo, sale al camino uno de los lacayos, frena la carroza y les dice que la duquesa joven ha tenido ya el niño con toda felicidad. Santa Teresa abre los ojos y dice: «Válgame Dios pues ya no será menester esta santa – riéndose de ella-».

Y ¿qué tiene que hacer la santa en Alba? Ella tiene allí una de sus fundaciones. Llega muy cansada, ha tenido una gran hemorragia en la carroza. Pero los primeros días anda por el convento, porque hay cambio de priora. La noche del tres de octubre de 1582 ya no está bien y se acuesta en la enfermería alta. Le dice a su enfermera: «Dejemos las cosas de este mundo y prepáreme a bien morir». Entra la gente a verla, viene la duquesa y dice: «¡Madre se tiene que curar, qué le pasa!» Y ella le pregunta tres veces una pregunta muy rara: «Que si le quiere al Señor Duque». Y la duquesa las tres veces le contesta que sí. No se sabe qué ha querido decir con esta pregunta. Entra su hermana Juana, la pequeña que siempre vivió con ella en sus conventos y se casó en Alba, y le dice: «Hermana no os preocupéis que cuando me cure iremos todos a Ávila», adonde es su obsesión volver.

Pero la cita con Dios estaba cerca, ya no puede hablar de volver a Ávila. Le dice a su enfermera: «Ha llegado ya la hora de mi muerte». Deja ya todos los cuidados y se prepara para morir. El miércoles día 3 pide el viático. Cuando llega el Santísimo se incorpora, se le ilumina la cara, desaparecen las arrugas, parece una joven que resucita. Y empieza a decirle a Cristo frases de amor. Esa noche la pasa con muchísimos dolores. Y al día siguiente, 4 de octubre, a las nueve de la noche muere en brazos de su enfermera, Ana de San Bartolomé.

El día siguiente es 4 de octubre, pero el papa Gregorio XIII cambia el calendario justo ese día y pasa a ser el 15 de octubre. Dicen que parece que santa Teresa no ha tenido para ella ni siquiera un día para morir.

Un arbolillo seco que nunca había producido frutos y estaba en frente de la celda, amaneció cubierto de flor, blanco como la nieve. Pareció cosa milagrosa, lo uno porque era 5 de octubre, y lo otro porque el árbol seco nunca había llevado flor.

«Tres cosas han dicho de mí en el transcurso de mi vida: que era cuando moza de buen parecer, que era discreta y ahora dicen algunos que soy Santa. Las dos primeras en algún tiempo las creí y me he confesado de ellas, pero de la tercera nunca me he engañado tanto que haya jamás venido a creerla».

Fray Juan de la Miseria, un ermitaño que se hizo carmelita y pintor, está pintando la Iglesia del convento de Sevilla, con urgencia porque tiene tres días para acabarla. El P. Gracián obliga a la Santa a posar para él. Fray Juan, de forma brusca, le hizo posar al fuerte sol sevillano con gestos groseros de cara y manos. Cuando acabó y ella lo miró le dijo bromeando: «Que Dios te perdone Fray Juan que ya que me pintaste, me pintaste fea y legañosa». Después de este auténtico retrato que se conserva en las madres de Sevilla, famosos pintores han retratado a la Santa según sus épocas y versiones.

Unos de sus escritores dijo: «Yo nunca la conocí ni vi a la Madre Teresa, aquí en la tierra, más agora que vive en el cielo, la conozco y veo casi siempre en dos imágenes que nos dejó de sí: sus hijas y sus libros».

Capítulo II

Sus escritos

1. Santa Teresa, mujer escritora

a) *El Libro de la Vida*

Estamos en el siglo XVI, siglo donde ser escritor era tarea reservada a letrados, varones. La condición femenina en la Iglesia y en la sociedad está rebajada por la sospecha hacia las féminas «iluminadas» o «visionarias»... en otras palabras, incultas, iletradas... por lo cual todo lleva el sello varonil.

Teresa será juzgada por hombres y escribirá obedeciendo sus mandatos y será aprobada o condenada por ellos.

Desde la primera página de sus escritos se adivina que es mujer.

Escribe como habla: llana, sin culturismo ni latines, con el habla de las damas de Ávila. Lenguaje que entienden las monjas, los letrados y... los arrieros con lo que viaja, y que la hará entrar en la historia como la primera escritora en lengua romance.

La madre Teresa es escritora de raza... no pasó por la Universidad. No tuvo más educación y cultura que la asimilada en la Casa de la Moneda, la casa de su familia en Ávila. Teresa nace y vive entre libros. Sabemos que, aficionada a los «libros de caballería», escribe una novelita que seguramente el padre hizo desaparecer en el fuego del hogar.

Treinta años después, empleará alguna de aquellas fantasías para enardecer al «ejército orante de sus monjas», animándolas con la pluma a ser defensoras de ese Señor, su Dios, que está asediado en la Iglesia.

«Estáse ardiendo el mundo», escribirá ante las noticias que le llegan. Libros, siempre libros, «Siempre fui amiga de letras».

La noche de Navidad de 1561, Doña Teresa aún monja de la Encarnación, recibe órdenes de sus superiores de viajar a Toledo. Son momentos decisivos para su proyectada reforma. Está ansiosa, esperando el permiso para fundar en pobreza. Solo le falta el Breve. Tiene ya casa pobre y cuatro huérfanas. A pesar de todo viaja a Toledo.

Entró en Toledo por la puerta del Cambrón. Subirá hasta la plaza de Zocodover y por la calle de Sillería y la de Alfileritos llegará al palacio de Doña Luisa de la Cerda, junto a la iglesia de San Vicente.

Doña Luisa se acaba de quedar viuda en su palacio de Toledo. De nobilísima familia, hija del segundo Duque de Medinaceli, había contraído matrimonio con Arias Pardo. Tuvieron seis hijos de los cuales vieron morir a tres y, cuando se hallaba en la cumbre de la prosperidad y la fama, él fallece inesperadamente.

La muerte del marido la hunde en una terrible depresión que ni familiares ni amigos ni el cuidado de su cuantiosa hacienda conseguían recuperarle. Su salud se resintió gravemente. Conociendo que en Ávila había una monja de gran virtud y de hechos extraordinarios hizo tenerla con ella y, usando de sus grandes influencias en la Corte, no paró hasta conseguirlo.

Recordemos que este fue el motivo por el que la madre Teresa fuera por primera vez a la patria de su padre. Aun descendiente de toledanos, judío-conversos, la joven Teresa no conocía la tierra de sus antepasados paternos.

Consuela a Doña Luisa, que será su amiga de por vida, se mueve con soltura en el lujo de su palacio y a todos encandila. De estos seis meses nos dejará su primer tesoro —¡ha empezado su biografía!— por mandato de García de Toledo, antiguo sacerdote amigo que encuentra en Toledo. Nace la escritora y tiene alrededor de 45 años.

Cuando se retira a su estancia y cierra la puerta al mundo, una joven doncella la observa por el ojo de la cerradura y algo le impacta al verla escribir. Dejará su vida en palacio para seguir a doña Teresa en sus fundaciones, María de Salazar. Será después una monja carmelita con el nombre de María de San José, priora y fundadora con la Santa del convento de Sevilla y el de Lisboa, después. Ella fue una de sus hijas más queridas y destinataria de más de sesenta cartas de la Santa.

La Santa escribirá siempre en las condiciones menos favorables, mala salud, problemas continuos, viajes, peligros... en grandes folios amarillos, la tinta de fabricación casera (ralladura de metal, escamas de pescado, agua arcillosa), y con aquellas plumas de ave que ella afilaba.

Levanta de vez en cuando la cabeza para recordar el nombre de tal o cual escribano o la fecha de algún acontecimiento concreto y repite a menudo: «No recuerdo ahora». ¡Es humana!

En este primer libro de su vida intenta esconderse entre sus páginas... «Sé de una persona...», es ella, pero el protagonista es Dios.

Escribe para dos tipos de lectores, uno de tejas abajo y otro de teja arriba. Va contando para nosotros un episodio cualquiera... a gran velocidad, con la letra clara y se va emocionando al volcarse en el papel y, de pronto, empalma con el otro lector, el de Arriba, y entra en coloquio con Él... sin dejarnos a nosotros, que podemos asistir a la escena íntima de su encuentro con Dios.

Con esta forma de dialogar espontáneamente con sus lectores, sin mirar atrás, sin correr y sin titubeos de pluma. Como si a distancia de cuatro siglos siguiese hablando con nosotros, los lectores de hoy.

El *Libro de la Vida*, su autobiografía, es el primer libro escrito en lengua castellana que, siendo de mujer, entra a formar parte del patrimonio cultural de Occidente.

Es un libro que enseguida empieza a pasar de mano en mano y sobre el que pide opinión humildemente, ya que escribe para ser examinada por jueces, censores y teólogos, empeñados en borrar esos momentos de intimidad entre Dios y una mujer.

El manuscrito, cuatrocientas diez páginas de gran formato, viajará desde Ávila, en el corazón de Castilla, hasta la lejana Montilla, en Córdoba. Doña Luisa de la Cerda será la mensajera. De viaje para Antequera lo lleva en su equipaje para ser refrendado por el maestro Juan de Ávila.

b) *Camino de Perfección*

Ahora vemos a Teresa de Jesús en el convento de San José, recién fundado, sentada en el suelo de su pequeña celda, apoyada en un saliente de la pared bajo el cielo azul de Ávila que entra por un alto ventanuco. Rodeada de sus monjas escribe otro cuadernillo, el más pequeño de sus obras.

Escribe con fabla castellana, medio siglo antes que Cervantes. No escribe, habla con la pluma. Teresa posee el don de la palabra, tan viva, tan locuaz en sus labios como en su pluma.

Esta vez no escribe para teólogos sino con la tranquilidad de que los lectores son mujeres como ella, en resumen, escribe un libro para mujeres... algo inaudito en aquel tiempo de preponderancia masculina. Hoy es una obra maestra de oración editada en todas las lenguas miles de veces.

«No diré cosas que no tenga por experiencia»..., escribe en el prólogo, que es una justificación humilde por su atrevimiento de escribir cosas de oración. Y escribe unos avisos, que le han pedido las monjas, y que tanto enfadarán a los señores censores.

Ya en el prólogo cuenta cómo el libro nació a ruegos de las jóvenes novicias del recién fundado Carmelo de San José, apenas había terminado el *Libro de la Vida*, hacia el año 1565.

Con un gran sentimiento de fondo social y eclesial nace todo el libro, exactamente como nace el nuevo Carmelo: en una pobrísima celdilla de San José de Ávila. La Santa lo redacta en sus ratos libres entre 1565 y 1566.

Todo el libro es un tratado para aprender a orar, orando, propio de la Santa. Con ejemplos asequibles que los censores rechazan. Nació así este libro con casi trescientas páginas que, en seguida, chocó con la censura.

El libro refleja también los problemas de España, la Inquisición con la quema de libros que tanto hizo sufrir a santa Teresa, la marginación de la mujer en la sociedad y en la Iglesia, la falta de visión de los teólogos.

c) *Castillo Interior o Las Moradas*

Quince años después, estando en su fundación de Sevilla, en medio de los problemas agobiantes con sus superiores, recibe la orden de retirarse a un convento y dejar de fundar. Elige Toledo, su quinta fundación que ella llama su «Quinta de recreo».

Tres místicos por excelencia viven entre sus piedras: la madre Teresa escribiendo el *Castillo Interior* encerrada en su celda. Domenico Theotocopulos, llamado el Greco, están dando las primeras pinceladas a uno de los cuadros en un convento, iniciando la «svolta», nuevo estilo de pintar. No se encuentran, solo los une la grandeza de esta ciudad que se apaga. Estamos en el año setenta y siete de nuestro siglo de oro. Felipe II gobierna ya desde Madrid.

También San Juan de la Cruz vivió su prisión en la cárcel de Toledo. Nueve años en un agujero negro, donde nuestro actual poeta universal recita los primeros versos del *Cántico Espiritual,* en medio de ese cautiverio sombrío: «Buscando mis amores. Iré por esos montes y riberas, ni cogeré las flores, ni temeré las fieras, y pasaré los fuertes y fronteras». Desde un negro agujero su alma canta a la luz de Dios.

El *Castillo Interior* o *Las Moradas* nace en uno de los momentos más aciagos de la vida de Teresa. Ha regresado ella de Andalucía, sentenciada por los superiores de Roma y forzada a recluirse en el Carmelo de Toledo, interrumpiendo su labor de fundadora.

La barquilla de su Reforma naufraga aparentemente en las aguas agitadas de los carmelitas calzados.

Como el *Libro de la Vida* se ha quedado preso en la Inquisición, Gracián le pide una nueva versión. Se defiende con argumentos tan ingenuos como femeninos: «Que me dejen hilar e ir al coro, que escriban los letrados que han estudiado, que tengo ruidos en la cabeza, que soy tonta y no sabré lo que me digo... Pondré vocablo por otro con que haré daño... Hartos libros se han escrito ya de cosas de oración. Que me dejen hilar mi rueca y seguir oficios como las demás hermanas... que no estoy para escribir ni tengo salud ni cabeza para ello...».

Será una obra maestra de la mística de todos los tiempos... De los lamentos del prólogo pasa a escribir, con mayor fluidez, doscientas veintiocho páginas, tal como habla.

Entre Toledo y Ávila en momentos de alta tensión interior, entre la rueca y la pluma. Con sabrosos ejemplos.

Desde el símbolo del castillo, nos dice a los lectores que cada hombre es como un castillo, que su interior es el alma y que la puerta de ingreso al castillo es la oración.

«Conócete a ti mismo», la sentencia de Sócrates, la usa Teresa en versión cristiana porque jamás nos acabamos de conocer, si no conocemos a Dios: mirando su grandeza, acudamos a nuestra bajeza. Mirando su limpieza, veremos nuestra suciedad. Considerando su humildad, veremos cuán lejos estamos de ser humildes.

Las cosas del alma para Teresa hay que verlas con anchura y grandeza.

Ahí, en ese Carmelo de Toledo, sigue confinada todo un año, desde julio de 1576 a julio de 1577, con mala salud y mucho trabajo. A principios de junio, ha mejorado, pero siguen los ruidos de cabeza y la enorme flaqueza física.

El 2 de junio ya se ha puesto manos a la obra. Firma el prólogo en Toledo ese mismo día, y lo termina en Ávila el 29 de noviembre de ese mismo año.

Dice el P. Tomás Álvarez que el libro de *Las Moradas* es más que un libro. Es un símbolo maravilloso del misterio del hombre. Es el alma de su autora, Teresa de Jesús, que se va desplazando y elevando de morada en morada, con ejemplos deliciosos como el gusano de seda que llegará a mariposa, el símbolo del amor esponsal con Dios... hasta llegar a la séptima morada y donde diez años antes de morir, depositó en él lo mejor de su saber.

La madre Teresa lo quiso escribir por dos motivos. Primero porque hace ya doce años que escribió el *Libro de la Vida* y le faltaban nuevas experiencias de su vida mística. Y segundo, porque aquel libro, su alma como ella lo llamaba, había sido arrojado a las fosas de la Inquisición por una furiosa princesa de Éboli y sentía verdadero dolor de pensar que aquellas páginas no se recuperasen nunca.

Y podemos añadir un tercer un tercer motivo: desde hace años ha entrado en el final de su vida mística. Son los años que ha tratado, día a día, con san Juan de la Cruz y que, juntos, han glosado un famoso poema, «Vivo sin vivir en mí».

Una vez en manos del P. Gracián, éste lo llena de tachaduras, siempre con delicadeza para no traspasar la letra de la escritora pero sus retoques pasan de setenta. Lo lleva a Sevilla y lo regala a Don Pedro Cerezo, en atención a sus múltiples servicios.

Afortunadamente, el autógrafo del *Castillo Interior* se ha custodiado como un tesoro durante cuatro siglos en el Carmelo de Sevilla.

d) Las Cartas

Mientras su alma va caminando de morada en morada y llegando a la cumbre de su mística, sin embargo, las cartas son el espejo donde mejor se refleja su humanidad, su inteligencia y, sobre todo, sus dotes para la comunicación.

«¡Estas cartas! Me mata esta barahúnda» se queja, ya que es amiga de soledad pero también reconoce «lástima que no sé acabar» y seguirá escribiendo hasta altas horas de la madrugada.

De su correspondencia brota una riada de amistad que llega a teólogos, monjas, mercaderes, arrieros, amigos, familia, clérigos, nobleza y Familia Real, la corte, el guarda mayor de los montes de Su Majestad, Roque Huerta...

Cuando escribe bromea, riñe, informa, pide, aconseja, ama, llora, hasta psicoanaliza... Sus cartas son el espejo donde mejor se refleja su inteligencia y sus dotes para la comunicación.

Solo nos han quedado cuatrocientas cartas, repartidas por todo el mundo. Su última carta, iniciada en Valladolid, la terminará en Medina del Campo, su primera fundación. Va tocada de muerte.

e) Libro de las Fundaciones

El *Libro de las Fundaciones* es el último de los escritos teresianos. Diríase que es el libro de la andariega. Lo comienza en Salamanca a los 58 años de edad y lo continua a medida que va fundando y lo termina diez años después en Burgos.

Escrito para continuar la historia de sus carmelos iniciada en *Vida* con la fundación de San José, el nuevo libro hace un contrapunto al relato de la *Vida*, donde narraba la historia de su alma. Puro paisaje interior. El de *Las Fundaciones*, en cambio, es la historia de su entrada en la geografía española, en la sociedad de su siglo y en la dramática evolución de su orden; relato lleno de personajes de todas las clases, de caminos y carromatos, de posadas y palacios, peripecias de viaje y aventuras y aventuras inenarrables, pero todo ello ensamblado con sus vivencias místicas.

Cuando santa Teresa comienza a escribir *Las Fundaciones* en Salamanca el verano de 1573, ya había fundado nueve monasterios, siete de monjas y dos de frailes, y hacía al menos tres años le bullía en la mente la idea de relatar la fundación de los otros. Se lo había sugerido la voz interior: ¡qué escribiese la fundación de estas casas!

Entretanto se confiesa con el jesuita Jerónimo de Ripalda —célebre autor del *Catecismo*—, quien tras leer en la *Vida* el relato de la fundación de San José, le pide que escriba el nacimiento de los siete carmelos. Al mandato de su confesor se suma la presión de la voz interior que el susurra: Hija, la obediencia da fuerzas. Y ella empieza el relato el día de san Luis Rey de Francia, el 25 de agosto de 1573.

Sin más red de información que la de aquel mundo cambiante de la Edad Media a la Moderna, Teresa sorprende a sus superiores y amigos, incluso alguno «se mosquea», por la continua información que recibe y transmite. 400 años antes de entrar en la red de internet, una monja de clausura sabe sobre política, descubrimientos, leyes, comercio, cambios sociales y económicos, en una palabra, sobre lo que pasa en el mundo, siguiendo muy de cerca los cambios que tanto afectaron a sus «negocios». Habla de Dios como el Señor de rentas y renteros.

Si en lo espiritual trató y consultó a teólogos de elevado nivel, en lo terreno aprendió de los mejores banqueros y comerciantes el arte de utilizar los «bienes temporales» con mano hábil. Para sus conventos buscará la supervivencia institucional y económica porque a sus monjas quiso «pocas y pobres», y siempre libres de problemas materiales, para rezar en paz.

Ella se encargaría de la economía, no sólo de sus casas de monjas y frailes, sino manejando también «el fondo de inversiones» de sus hermanos, demostrando su excepcional agudeza en los manejos de los dineros, rentas, préstamos, inversiones y compras. El libro de cuentas que se conserva en el Monasterio de San José en Medina del Campo es un ejemplo único de esta mujer innovadora, práctica y eficaz.

Fue una moderna economista, maestra espiritual, albacea y consejera económica de su familia y amigos.

Seguirá fundando y escribiendo. Más de una vez llevará consigo el cuaderno donde lo va relatando, y su pluma sólo se interrumpirá cuando su corazón se pare en pleno camino.

Fray Luis excluyó el libro de *Las Fundaciones* de la edición príncipe de los libros de santa Teresa por ser el menos doctrinal y por mencionar en sus páginas a tantas personas y personajes todavía vivos en conventos y en la calle.

Pronto se arrepintió y quiso editarlo a toda prisa, pero no le fue posible, porque el 23 de agosto de 1591 moría en Madrigal de las Altas Torres.

El autógrafo, sin imprimir, llegó a manos del doctor Sobrino, profesor de teología y futuro obispo de Valladolid, que al año siguiente recibe órdenes de Felipe II para entregar el libro a la Real Biblioteca del Escorial, como de hecho hizo.

2. Viaje de los manuscritos a través de los tiempos

¿Cómo han podido sobrevivir estos escritos más de cuatrocientos años? Estos folios que han surcado los siglos con viento favorable, pese a su fragilidad superando la prueba del tiempo, tinta corrosiva casera... son un privilegio, un hecho providencial, un legado testimonial a tener en cuenta.

Como no fue «publicista» sus escritos no fueron a la imprenta. La Inquisición los retuvo, las monjas los entregaron a Fray Luis de León para que los publicara. El doctor de Salamanca, que hasta entonces no tenía una opinión nada favorable del mundo femenino, al conocer a las madres carmelitas y leer las obras de la Santa, cambió de opinión. Fray Luis tuvo la prudencia de no ponerlos en manos del tipógrafo, de ser así hubieran acabado como otros «grandes» (el Quijote, las obras de Lope de Vega, etc,...).

Fray Luis entregó copias de *El Libro de la Vida*, que se publicó en 1588 en Salamanca. El rey Felipe II —protector de las carmelitas— pidió entonces el manuscrito para su Biblioteca del Escorial. El P. Diego de Yepes, antiguo confesor de la Santa y luego su biógrafo, era el bibliotecario del Escorial... Otra feliz coincidencia.

En otro momento cuando lleguen otros libros a la biblioteca de El Escorial, el nuevo bibliotecario, el P. Sigüenza les dedicará un camarín especial.

3. Sucesos con los manuscritos

Dentro de la fortaleza de piedra berroqueña del Monasterio del Escorial estas reliquias, guardadas como joyas, también han tenido sus peripecias.

El año 1607 Francisco de Mora, arquitecto, acompañó al rey Felipe II y a la reina Doña Margarita de Austria al Escorial ese verano. Un día de agosto, fueron a la biblioteca y pidieron el *Libro de la Vida* para leerlo en sus aposentos. Al leerlo descubrieron una página en blanco, cuando el rey se dio cuenta le puso al arquitecto una nota en la parte baja: «Esta hoja está en blanco, pase adelante». Nuestro amigo no pudo resistir la tentación de hacerse con una reliquia y cortó ese trocito que, según él, no hacía daño al libro... y supongo salió de puntillas con el tesoro en la mano.

La Corte volvió a Madrid y Don Francisco empezó a sentir remordimientos, cada día más aficionado a la Santa... Se confesó y devolvió el papel... pero la ventanilla que abrió con su tijera, aún sigue en el autógrafo.

A mediados del siglo XVII un turista devoto, lego en la materia, aprovechó un descuido del vigilante de turno y arrancó del códice de *Las Fundaciones* una cuartilla que se llevó a Huesca. Este hecho tuvo graves consecuencias, a partir de entonces se prohíbe la consulta de los autógrafos de la Santa.

Napoleón también ambicionó llevárselos a Francia, un testigo les detuvo a tiempo y durante la guerra civil los manuscritos fueron rescatados en el Castillo de Parellada cuando salían hacia otros países.

Otras obras de la autora

Orar ante un cuadro (Monte Carmelo, 2004).

Santa Teresa en Medina del Campo (Monte Carmelo, 2014).

Los hermanos de Santa Teresa en América (Monte Carmelo, 2018).